Matthias Matting
Fire TV
Das inoffizielle Handbuch
Anleitung, Tipps, Tricks

D1669244

Matthias Matting

Fire TV

Das inoffizielle Handbuch
Anleitung, Tipps, Tricks

Impressum
© für alle Inhalte:
Matthias Matting, AO Edition.
Kontakt über: kindle@matting.de
Matthias Matting, St.-Wolfgangs-Platz 9H,
81669 München.
www.selfpublisherbibel.de
Cover: Tanja Grubisic
Lektorat: Dr. Ulrike Bunge
Satz & Gestaltung: Hanspeter Ludwig
Herstellung und Verlag:
BoD-Books on Demand GmbH, Norderstedt
ISBN 978-3-7357-5808-8

Inhalt

Vorwort

Liebe Leserin, lieber Leser,

Vielen Dank, dass Sie mein inoffizielles Handbuch zum neuen Amazon Fire TV gekauft haben. Man sieht es der kleinen schwarzen Schachtel nicht an, aber das Fire TV ist ein faszinierendes Gerät mit überraschend vielen Möglichkeiten. Das gilt auch für die Stick-Version, die Amazon gerade in den USA angekündigt hat.

Ich habe mir das Fire TV zugelegt, als es vor Monaten zunächst in den USA erschien, und konnte in der Zwischenzeit ausführlich Erfahrungen damit sammeln. Besonders spannend finde ich, wie schnell sich eine Bastlerszene darum etabliert hat. Offenbar ist das Fire TV weitaus offener als so manch Konkurrenzgerät – und davon profitieren nun auch Sie als Leser, weil Ihnen das Gerät weitaus mehr Optionen bietet, als Amazon sich selbst dabei gedacht hat.

Vielleicht kennen Sie mich bereits als Autor anderer inoffizieller Handbücher. Dann wissen Sie auch, dass Sie mich mit Fragen oder Kritik stets unter kindle@matting. de erreichen. Mit Ihrem Kaufbetrag haben Sie für dieses Buch quasi ein kostenloses Abonnement für das jeweils

Neueste über Ihr nagelneues Fire TV erworben. Wenn Sie sich bei mir über die Seite http://selfpublisherbibel.de/ abonnieren/ registrieren, schreibe ich Ihnen, wenn eine neue eBook-Auflage bereitliegt, die Sie dann gratis herunterladen können. Das gedruckte Buch lässt sich ja leider nicht derart aktualisieren.

Es würde mich auch freuen, wenn Sie Ihre Erfahrungen mit diesem inoffiziellen Handbuch in Form einer Rezension bei Amazon mit anderen Lesern teilen.

Und damit verabschiede ich mich – bis zur nächsten Auflage, deren Erscheinen mit neuen Tipps sicher nicht lange auf sich warten lassen wird.

Viel Spaß mit dem Amazon Fire TV wünscht: Matthias Matting

Ein Fire TV kaufen

Vielleicht lesen Sie dieses eBook ja vorausschauend – und wollen sich erst in Zukunft ein Fire TV zulegen. Oder Sie leiden gerade unter Symptomen eines Nach-dem-Kauf-Katers: Sie fragen sich, ob Sie das kleine schwarze Kästchen wirklich brauchen. Oder ob Sie nicht vielleicht doch besser zu einem Konkurrenzmodell gegriffen hätten. Deshalb starten wir mit einer Kaufberatung, die Ihnen zugleich die Grundlagen dieser Hardware-Kategorie nahebringt.

Das Fire TV gehört zur Kategorie der Streaming-Media-Boxen. Bekanntestes Beispiel dafür ist das Apple TV. Eine Steaming-Media-Box nimmt digitale Inhalte (Musik, Apps, Spiele, Filme...) per Funk (WLAN) aus allen möglichen Quellen entgegen (etwa Internet, Ihr Computer, Ihr Handy oder Ihr Tablet) und übergibt sie per Kabel an ein Ausgabemedium. Das ist in diesem Fall der Fernseher (darum auch „Fire TV"). Bei anderen Modellen kann es aber zum Beispiel auch eine Stereoanlage sein. Das Fire TV sollte deshalb in der Nähe ihres Fernsehers Platz finden. Mit diesem ist es über ein HDMI-Kabel verbunden.

Warum ein Streaming-Adapter?

Die erste Frage beantwortet sich noch relativ leicht: Was haben Sie davon Spiele, Filme und so weiter auf dem Fernseher betrachten zu können? Hier zieht natürlich die (hoffentlich) große Bildschirmdiagonale Ihres TV-Geräts. Es macht einfach mehr Spaß, auf 50 Zoll Diagonale Superhelden bei der Arbeit zuzusehen (oder ihnen dabei mit dem Controller zu helfen) als auf den 13 Zoll Ihres Notebooks oder den 4,7 Zoll Ihres Smartphones.

Es gibt jedoch viele Wege, wie die genannten Inhalte auf Ihren Fernseher gelangen können. Zunächst haben manche moderne Geräte ("Smart-TV") bereits Software eingebaut, die Apps ausführen oder YouTube-Filme abspielen kann oder auch eine Filmbibliothek enthält. Das funktioniert meist besonders reibungslos und mit der Fernbedienung Ihres TV. Allerdings sind Sie dann an die Angebote des Herstellers gebunden; wenn Sie ein bestimmtes Angebot abonnieren oder eine bestimmte App nutzen möchten, haben Sie nicht die Wahl.

Eine andere Möglichkeit besteht darin, den Bildschirminhalt Ihres Notebooks, Smartphones oder Tablets direkt auf den Fernseher zu übertragen. Das funktioniert per Kabel (HDMI beim Notebook, MHL bei Android-Geräten, spezielle Adapterkabel bei Apple-Geräten) oder per Funk. Nachteil des Kabels: Ihr Gerät muss sich in der Entfernung einer Kabellänge vom TV aufhalten. Das ist beim Filmgenuss eher unpraktisch, es sei denn, Sie haben auch eine Fernbedienung für das Notebook. Für die ebenfalls mögliche Funkverbindung gibt es wiederum unterschiedliche Standards: Miracast oder Wireless Direct etwa bei Android, AirPlay bei

Matthias Matting

Apple. Mir ist kein Fernseher bekannt, der AirPlay direkt unterstützt, und auch bei Miracast sind solche Modelle rar. Deshalb brauchen Sie dann oft einen speziellen Adapter, der um die 50 Euro kostet und nur diese eine Funktion bietet. Dann können Sie aber auch gleich zur flexibler einsetzbaren Streaming-Media-Box greifen...

Solche Boxen verkauft natürlich nicht nur Amazon. Das Apple TV (http://www.amazon.de/Apple-TV-Generation-1080p-schwarz/dp/B007IH5L7A/?tag=editorixorg-21) (100 Euro) hatte ich ja schon genannt. Es ist perfekt ins Apple-System eingepasst. Als Käufer brauchen Sie sich nicht um eine umständliche Konfiguration zu kümmern, fast alles funktioniert auf Anhieb. Videos, Filme, Spiele wandern problemlos von Ihrem iPhone oder iPad zum TV. Wenn Sie jedoch auch Geräte ohne „i" am Namensanfang besitzen, sieht das schon wieder anders aus. Apple ist auch nicht für seine Offenheit bekannt – sprich: Das Gerät für andere Zwecke einzusetzen als vom Hersteller vorgesehen, wird von Apple weder toleriert noch einfach gemacht. Auf dem Apple TV laufen nur spezielle Apps, die Sie nicht selbst ergänzen können.

Der Konkurrent von Google heißt Chromecast (http://www.amazon.de/Google-Chromecast-Streaming-Player-GA3A00032A07/dp/B00ICIJIJQ/?tag=editorixorg-21). Das Gerät sieht einem USB-Stick ähnlich, kostet 35 Euro und arbeitet auf der Basis des Webbrowsers Chrome. Entsprechende Apps gibt es noch nicht allzu viele. Android-Apps laufen nicht direkt, Sie können aber den Bildschirm Ihres Android-Geräts via Chromecast auf den Fernseher bringen. Alle Geräte mit Chrome-Webbrowser lassen sich via Funk ankoppeln, also auch Notebooks oder iPads.

Viele weitere Geräte werben im Amazon-Shop um Ihre Gunst, von billig bis teuer. Werfen Sie doch mal einen Blick in die Kategorie „Streaming Media (http://www.amazon. de/Musik-Server-Verstärker-Receiver-Hifi-Audio/b/ref=sv_ ht_6?ie=UTF8&node=15406101)". Egal, ob der Hersteller WD, Pearl oder Hama heißt – der Nachteil dieser Modelle ist wohl die fehlende Community darum. Wenn etwas nicht funktioniert oder wenn Sie sich eine bestimmte Funktion wünschen, haben Sie beim Fire TV weitaus größere Chancen.

Warum ein Fire TV?

Was spricht unter allen Streaming-Media-Boxen für den Fire TV? Ich hatte es oben ja schon zum Teil erläutert: Das Fire TV vereint eine große Bastler-Community mit prinzipieller Offenheit unter dem Android-Betriebssystem. Gleichzeitig ist das Gerät aber auch absolut einsteigerfreundlich, sowohl bei der Inbetriebnahme als auch bei der Bedienung.

Das Fire TV ist perfekt ins Amazon-System eingepasst, erlaubt also sofortigen Zugriff auf all Ihre bei diesem Händler gekauften Inhalte. Gleichzeitig jedoch hält die Software Sie auch nicht davon ab, andere Welten zu besuchen. Selbst das Abspielen von Inhalten von Apple-Geräten via AirPlay ist möglich.

Dabei ist das Fire TV auch noch ansprechend gestaltet. Die flache Box verschwindet bei Bedarf, sodass sie auch optisch nicht stört. Ihre Fernbedienung liegt bequem in der Hand und ist leicht nutzbar. Die Sprachsuche funktioniert bequem. Natürlich arbeitet das Fire TV auch mit anderer Amazon-Hardware wie den Fire-Tablets oder dem Fire Phone gut zusammen.

Welche Ausstattung?

Das Fire TV gibt es in Deutschland im Moment zwar nur in einer einzigen Variante. Allerdings verkauft Amazon in den USA bereits eine abgespeckte Version, den „Fire TV Stick". Er kostet nur 39 Dollar, wird also (dann mit Umsatzsteuer) hierzulande dann vermutlich 39 Euro kosten.

Wer noch kein Fire TV erworben hat, muss sich also fragen, ob sich die Mehrausgabe von 60 Euro für Kästchen statt Stick lohnt. Wer die Sprachsuche braucht, kommt derzeit um das teurere Modell nicht herum. Außerdem ist der Prozessor des Sticks langsamer. Amazon selbst sagt deshalb, dass Liebhaber flotter Games besser die 99 Euro investieren sollten. Zum Vergleich: Die Pressemitteilung spricht von „200 +" Apps beim Fire TV Stick, aber „300 +" beim Fire TV. Für die fehlenden Apps ist der Stick offenbar nicht leistungsfähig genug. Ihm fehlt übrigens auch der USB-Port. Sie können also Tastaturen oder Mäuse mit USB-Anschluss nicht verwenden.

Alle bisher verkauften Geräte laufen übrigens mit derselben Software-Version, selbst wenn sie in den USA erworben wurden. Ob der Stick genauso leicht zu hacken ist wie das große Fire TV, ist derzeit noch nicht klar.

Sinnvolles Zubehör

Auch die Zubehör-Hersteller versuchen natürlich, Ihnen ein paar Euro aus der Tasche zu locken. Was davon ist wirklich sinnvoll?

Das wohl wichtigste Zubehör ist ein HDMI-Kabel. Das befindet sich nicht im Lieferumfang. Vielleicht besitzen Sie noch eines – wenn nicht, bestellen Sie es am besten gleich mit. Es gibt unterschiedlich teure Varianten; ich empfehle das AmazonBasics-Modell (http://www.amazon.de/dp/B00 870ZLJ0/?tag=editorixorg-21), das mit einem bis 15 Meter Länge verfügbar ist und dann zwischen 5 und 15 Euro kostet. Bei kurzen Kabellängen können Sie eigentlich nicht viel falsch machen, bei längeren kommt es dann jedoch auf die Qualität an.

Das zweitwichtigste Zubehör verkauft Amazon selbst. Der Fire TV Game Controller (http://www.amazon.de/ dp/B00KQE907E/?editorixorg-21) (40 Euro) verbindet sich über Bluetooth mit dem Gerät und ist, wie sein Name schon sagt, vor allem für Spieler interessant. Es gibt diverse Games im Amazon-Appstore, die ohne den Controller gar nicht funktionieren. Sie müssen allerdings nicht unbedingt das Original kaufen. Wenn Sie etwa eine PlayStation 3 oder Xbox 360 zu Hause haben, können Sie damit ebenfalls spielen (siehe Tipps und Tricks). Maximal vier Controller gleichzeitig werden in Spielen unterstützt.

Damit Ihr Fire TV gut aufgeräumt ist, könnten Sie es in einer Wandhalterung (http://www.amazon.de/dp/ B00NAUJNG0/?tag=editorixorg-21) unterbringen (11 Euro). Oder wie wäre es mit einer Profi-Spiele-Tastatur von Madcatz (http://www.amazon.de/dp/B00MF7MT96/?tag=editorix org-21)?

Außerdem lässt sich das Fire TV natürlich auch noch mit anderen Geräten verkabeln. Die schnellste Internet-Verbindung stellt zweifellos ein Ethernet-Kabel (http://www.amazon.de/dp/B001TH7GVE/?tag=editorixorg-21) her (unter 5 Euro). Nachteil: Sie müssen das Kabel bis zu Ihrem Internet-

Router legen. Den besten Sound gibt's per optischem Audio-Ausgang; darüber können Sie das Fire TV etwa mit Ihrer HiFi-Anlage verheiraten. Entsprechende Toslink-Kabel (http://www.amazon.de/dp/B001TH7GSW/?tag=editorixorg-21) kosten ebenfalls um die fünf Euro.

Normalerweise genügt die Fernbedienung, um Filme auszusuchen. Wenn Sie aber auch mal im Web browsen wollen oder gar Texte tippen, ist die virtuelle Tastatur ein schlechter Ersatz für eine echte. Aber glücklicherweise besitzt das Fire TV ja einen USB-Port. Daran können Sie fast jede Tastatur und jede Maus anschließen. Mit einem USB-Hub sogar beides gleichzeitig. Ich habe mich für eine Tastatur mit Touchpad entschieden, dann liegt nicht so viel herum. Und vor dem Fernseher habe ich eh keine Maus-Unterlage zur Hand. Manche Apps (nicht die aus dem Appstore) funktioniert sogar nur mit Maus oder Touchpad gut.

Das Fire TV besitzt rund 5 Gigabyte nutzbaren Speichers. Das ist nicht viel, die meisten Smartphones sind besser ausgestattet. Der USB-Anschluss des Fire TV ist allerdings nicht offiziell für USB-Sticks nutzbar. Wenn Sie das Gerät rooten (siehe Tipps & Tricks) können Sie aber trotzdem USB-Speicher anschließen. Die gibt es mit gigantischer Kapazität ebenfalls schon für wenige Euro.

Die Grundlagen

Der Fire TV kommt Ihnen in einer Schachtel ins Haus, die nicht viel größer als das Gerät selbst ausfällt. Obwohl ich die Maße von 11,5 x 11,5 Zentimetern (größer als mein Handteller) kannte, war ich beim Auspacken doch etwas überrascht, wie winzig es ist. Und dieses kleine Kästchen soll auch eine riesige Xbox ersetzen können?

Nachdem Sie das Fire TV aus der Packung genommen haben, betrachten Sie es erst einmal. Am auffälligsten ist wohl die Rückseite, wo sich sämtliche Anschlüsse befinden. Das wären von links nach rechts:

- Buchse für das Netzkabel: Hier stecken Sie das Kabel ein, das vom Netzteil kommt.
- HDMI-Buchse: Zur Verbindung mit dem Fernseher.

Das nötige HDMI-Kabel ist nicht im Lieferumfang! Die allermeisten Fernseher besitzen eine identisch aussehende HDMI-Buchse.

- Optischer Anschluss: Zur Verbindung mit der HiFi-Anlage.

- Netzwerk-Buchse: Mit Hilfe eines Ethernet-Kabels können Sie Ihr Fire TV direkt mit dem Internet-Router verbinden. Die Übertragung per Kabel ist weniger störungsanfällig. Per WLAN-Funk arbeitet das Fire TV aber auch prima.

- USB-Buchse: Zum Anschließen von Tastaturen oder Game-Controllern. USB-Sticks nur mit Hack (siehe Tipps & Tricks).

Wo Sie das Fire TV platzieren, ist egal, denn die Fernbedienung arbeitet über Bluetooth, braucht also (anders als die Fernbedienung Ihres Fernsehers!) keine Sichtverbindung.

In der Packung finden Sie auch zwei AAA-Batterien. Legen Sie diese in die Fernbedienung ein. Dazu drücken Sie den versenkten Hebel an der Rückseite mit dem Fingernagel nach oben, dann lässt sich die Kappe des Gehäuses abnehmen. Achten Sie auf die korrekte Polung der Batterien – das „+" muss jeweils nach unten zeigen, also in Richtung des Hebels. Sie dürfen übrigens auch aufladbare AAA-Akkus verwenden.

Jetzt betrachten Sie die Fernbedienung etwas genauer. Ganz oben sehen Sie eine Mikrofon-Taste. Darüber können Sie später Suchaufträge per Spracheingabe starten. Das kleine Loch oberhalb der Mikrofon-Taste gehört dem Mikrofon.

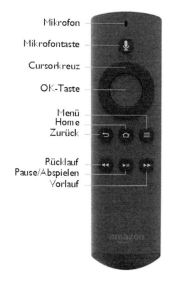

Der Ring stellt eine Cursor-Steuerung dar. Wenn Sie auf den oberen Teil des Rings drücken, wandert der Cursor nach oben, drücken Sie rechts, wandert er nach rechts und so weiter. Der Knopf in der Mitte entspricht der Eingabe- oder OK-Taste. Ich nenne ihn in Zukunft „OK".

Die Tasten in der Reihe darunter erklärt schon ihr Aufdruck: Die Zurück-Taste bringt Sie jeweils eine Ebene zurück, der Home-Button schickt Sie stets in die oberste Ebene und der Menü-Knopf ruft (falls von der App geboten) eine jeweils zum aktuellen Bildschirm passendes Menü auf ("Kontext-Menü").

Nun verbinden Sie die Box zuerst über HDMI mit dem Fernseher, dann mit dem Stromnetz.

Beim ersten Einschalten des Fire TV müssen Sie nicht viele Einstellungen treffen. Die Box bittet Sie, auf die Abspieltaste zu drücken. Dann fragt sie nach der gewünschten Sprache. Falls Sie das Fire TV nicht per Ethernet-Kabel an den Router angeschlossen haben, bietet es Ihnen nun alle gefundenen WLAN-Netzwerke zum Einloggen an.

Woher nehmen? Damit Sie in Ihrer Wohnung auf ein WLAN zugreifen können, müssen Sie dieses zunächst eingerichtet haben – Sie können im Normalfall nicht einfach das Netz Ihrer Nachbarn benutzen. Wenn Sie bereits mit einem unverkabelten Computer (etwa Notebook oder iPad) im Internet surfen, dann besitzen Sie auch ein geeignetes WLAN. Nun müssen Sie nur noch dessen Namen herausfinden und das zugehörige Passwort in Erfahrung bringen.

Dieses Kennwort ist nicht mit Ihrem Amazon-Kennwort identisch. Vielmehr wurde es vom Hersteller Ihres WLAN-Routers voreingestellt oder aber von Ihnen oder einem Helfer beim Einrichten Ihres WLANs neu vergeben. Oft ist es auf der Unterseite des WLAN-Routers aufgedruckt oder im Router-Handbuch abgedruckt. Den Router finden Sie in der Nähe Ihres Telefonanschlusses, es handelt sich meist um eine kleine Plastikschachtel mit mehreren bunten Lämpchen. Manchmal wird es auch Netzwerk-Schlüssel, Passphrase, Security Key oder Netzwerk-Kennwort genannt. Wenn Sie das Kennwort auf keinem dieser Wege finden, müssen Sie sich mit Hilfe des Router-Handbuchs in die Verwaltungs-Oberfläche Ihres Routers einklinken – wie das genau funktioniert, ist von Modell zu Modell aber sehr verschieden.

Den Namen Ihres Funknetzes haben Sie bei dessen Einrichtung festgelegt. Wenn Sie die Vorgabe des Herstellers des WLAN-Routers verwendet haben, besteht er meist aus der Gerätebezeichnung und einem Code, etwa „EasyBox-1AD865" oder „Fritz!Box 3170". Sie konnten bei der Einrichtung aber auch völlig eigene Bezeichnungen einsetzen. Einige Hersteller drucken den Standard-Namen des WLANs auf die Unterseite des Routers oder ins Handbuch, er wird oft auch SSID genannt. Wenn Sie sich nicht mehr sicher sind, können Sie entweder nachsehen, mit welchem WLAN Ihr Computer verbunden ist oder auch einfach die vorhandenen WLANs mit Ihrem Kennwort durchprobieren.

Sobald das Gerät eine Internet-Verbindung hat, sucht es nach Software-Updates. Eventuell brauchen Sie nun also etwas Geduld, bis die neue interne Software geladen und installiert ist.

Der nächste Schritt besteht in der Anmeldung bei Ihrem Amazon-Konto. Wenn Sie das Gerät bei Amazon erworben haben, ist es schon auf Ihren Namen vorregistriert und die Anmeldung entfällt. Haben Sie das Fire TV jedoch gebraucht gekauft, müssen Sie an dieser Stelle die Details Ihres Amazon-Kontos eintippen. Die daran anschließende Ersteinrichtung dauert ein paar Minuten.

Anschließend führt das Gerät Ihnen ein Video vor, das die wichtigsten Möglichkeiten des Fire TV erklärt und für das Prime-Abonnement wirbt. Das Video lässt sich nicht überspringen.

War das Video überzeugend? Dann können Sie nun gleich Prime abonnieren (falls Sie nicht eh schon Abonnent sind). Für 49 Euro im Jahr erhalten Sie Zugriff auf eine große Film- und Serien-Bibliothek, können pro Monat ein eBook kostenlos lesen und bekommen Bestellungen ohne Zusatzkosten am nächsten Tag zugestellt.

Amazon entlässt sie nicht auf die Bedienoberfläche, ohne Sie nach der Kindersicherung zu fragen. Auch wenn Sie sich an dieser Stelle dagegen entscheiden, können Sie die Kindersicherung später immer noch einrichten.

Die Oberfläche – die Startseite

Die Startseite werden Sie des öfteren zu sehen bekommen. Sie erreichen sie aber auch immer über ⌂. Links sehen Sie eine Liste der verschiedenen Inhalte, die von der Suchfunktion eingeleitet wird. Darunter folgen Prime Video (falls abonniert), Filme, Serien, die Watchlist Ihrer bereits angesehenen Filme, eine Bibliothek Ihrer gekauften oder geliehenen Streifen, Spiele, Apps, Fotos und schließlich die Einstellungen.

Sie sehen, dass „Musik" in dieser Auflistung fehlt. Für Musik sind auf dem Fire TV Apps zuständig – je nach Quelle. Blättern Sie die verschiedenen Inhalte mal durch und verschaffen Sie sich einen Überblick.

Die Suchfunktion

Sie werden schnell feststellen, dass es gar nicht so einfach ist, einen ganz bestimmten Film oder eine App zu finden. Deshalb ist die Suchfunktion umso wertvoller, die Sie am oberen Ende der Liste finden.

Fahnden können Sie dabei per Texteingabe oder per Sprache. Die Sprachsuche können Sie auch stets über die Mikrofontaste auf der Fernbedienung aufrufen. Die Spracherkennung funktioniert so gut, dass es wenig Gründe gibt, die Texteingabe zu benutzen. Aber aus Neugier sollten Sie sie trotzdem einmal ausprobieren.

Wählen Sie die Buchstaben mit den Cursortasten der Reihe nach aus. Das Fire TV unterbreitet Ihnen dabei stets Vorschläge, die auf den Sucheingaben anderer Nutzer basieren. Über können Sie Ihre Eingaben stets löschen. Gefällt Ihnen einer der Vorschläge, manövrieren Sie mit den Cursor-Tasten dorthin und drücken OK.

Um die Sprachsuche zu nutzen, drücken Sie die Mikrofontaste, halten sie fest und warten, bis Sie zum Sprechen aufgefordert werden. Sprechen Sie Ihre Anfrage ins Mikrofon und lassen Sie die Taste wieder los. Ihnen passt nicht, was das Fire TV gehört haben will? Starten Sie einfach eine neue Anfrage. Suchen können Sie nicht nur nach konkreten Film- oder App-Titeln, sondern auch nach Kategorien, etwa „Actionfilm" oder „Rollenspiel".

Sowohl die Text- als auch die Sprachsuche befördern lediglich Treffer im Amazon-Katalog für Filme und Apps beziehungsweise Spiele ans Tageslicht. Dabei werden die Film-Treffer stets vor den App-Treffern angezeigt. Eine Suche nach Fotos oder eigenen Dateien auf dem Gerät ist nicht möglich.

Die virtuelle Tastatur

Die Bildschirm-Tastatur erscheint relativ selten – das Fire TV ist eben kein Gerät, das primär für Texteingabe gedacht ist. Falls Sie sie aber doch einmal zu sehen bekommen, hier eine kurze Beschreibung.

Grundsätzlich brauchen Sie nur mit der Fernbedienung Buchstabe für Buchstabe nacheinander anzufahren. Mit ⮌ schalten Sie zwischen Groß- und Kleinschreibung um. Das Hauptproblem der Tastatur besteht aber darin, dass die Buchstaben alphabetisch angeordnet sind. Wer ist denn nur auf diese Idee gekommen? Auch eine Worterkennung wäre praktisch gewesen – fehlt aber. Ein Tipp auf ⮌ schließt die Tastatur (Text wird nicht eingegeben!), nur über die Play-taste erscheint der Text dann im Eingabefeld. Leerzeichen erreichen Sie über die Rückspultaste, gelöscht wird mit der Vorspultaste (auch nicht ganz logisch).

Wegen dieser Unzulänglichkeiten empfehle ich wirklich die Nutzung einer echten Tastatur, am besten mit eingebautem Touchpad. Via USB oder Bluetooth können Sie diese leicht anschließen. Kostenpunkt: Ab etwa 40 Euro, wobei Bluetooth-Modelle teurer sind und Batterien brauchen. Auch Tastaturen mit USB-Funkempfänger funktionieren gut.

Das Einstellungsmenü

Das Einstellungsmenü ist bei weitem nicht so umfangreich wie etwa bei den Fire-Tablets. Doch für bestimmte Funktionen können Sie nicht darauf verzichten. Es ist vertikal in sieben Bereiche eingeteilt.

Matthias Matting

Töne und Bildschirm

Am interessantesten ist hier der *„Bildschirmschoner"*. Amazon hat bereits eine umfangreiche Sammlung sehr gelungener Fotos auf Ihrem Fire TV abgelegt, die standardmäßig als Bildschirmschoner angezeigt werden. Wenn

Sie auf diesen Menüpunkt klicken, können Sie aber auch ein eigenes Album aus dem Bereich Fotos als Bildquelle definieren.

Im Bereich *„Bildschirm"* tragen Sie die Auflösung Ihres TV-Gerätes ein. Normalerweise reicht hier die Automatik. Die Bildschirmkalibrierung sorgt dafür, dass der komplette Bildbereich dargestellt wird.

Der Menüpunkt *„Audio"* ist interessant, wenn Sie über den optischen Ausgang Ihre HiFi-Anlage angeschlossen haben. Dann können Sie hier bestimmen, dass der Ton tatsächlich darüber ausgegeben wird. Außerdem lassen sich die Klick-Geräusche abschalten, die beim Blättern durch die Menüs entstehen.

Wenn die *„Zweitbildschirm-Benachrichtigungen"* aktiviert sind, ist auf anderen Kindle-Geräten (Fire Phone, Fire-Tablets) sichtbar, welche Filme Sie gerade abspielen. Dann können Sie die Wiedergabe über diese Geräte steuern und eventuelle Zusatz-Inhalte dort betrachten.

Kindersicherung

Die Kindersicherung ist nützlich, wenn nicht nur Erwachsene in Ihrem Haushalt leben. Sie erlaubt Ihnen, verschiedene Funktionen nur über PIN-Eingabe zugänglich zu machen: Einkäufe, Amazon Video, Spiele und Apps sowie Fotos. In diesem Menü können Sie die PIN auch ändern. Falls Sie sie vergessen, hilft www.amazon.de/pin weiter.

Etwas nervig: Bei aktivierter Kindersicherung ist auch der Zugang zum Einstellungsmenü gesperrt.

Steuerung

Im Steuerungs-Menü verwalten Sie Fernbedienungen und Game-Controller. Eine neue Fernbedienung werden Sie wohl selten brauchen, wohl aber einen Game-Controller. Über *„Bluetooth-Gamecontroller hinzufügen"* können Sie das Gerät einmalig mit dem Fire TV verbinden.

Amazon-Gamecontroller müssen nach der ersten Verbindung meist noch aktualisiert werden, das dauert rund zehn

Minuten. Sie können auch andere Controller mit dem Fire TV verwenden (siehe Tipps & Tricks).

Anwendungen

Das Anwendungs-Menü ist eins der wichtigsten, wenn Sie Ihr Fire TV richtig ausnutzen wollen. Das liegt daran, dass Sie auf der Startseite und im Apps-Menü stets nur bei Amazon gekaufte Apps sehen, aber nicht die Programme, die Sie auf anderem Wege auf das Fire TV gebracht haben. Doch ein Punkt nach dem anderen.

Über *„App-Nutzungsdaten sammeln"* erlauben Sie Amazon zu ermitteln, wie oft und wie lange Sie bestimmte Apps nutzen. Gefällt mir nicht. „Amazon Gamecircle" regelt Ihre Einstellungen für den Spieledienst. *„Whispersync für Spiele"* bewirkt, dass kompatible Games Ihren Spielstand auf dem Server speichern, sodass Sie diesen auch von anderen Geräten aus abrufen können.

Die *„Appstore"*-Einstellungen erlauben Ihnen, Apps automatisch aktualisieren zu lassen (empfehlenswert),

In-App-Käufe auszuschalten (empfehlenswert, wenn Sie Kinder haben) und Links in den Amazon-Appstore ("externe Marktverbindungen") automatisch zu öffnen. Abonnements können Sie derzeit nur über die Amazon-Website verwalten.

"Alle installierten Apps verwalten" gibt Ihnen einen Überblick über alle Apps auf Ihrem Gerät. Wieviel Speicher braucht eine App, wieviele Daten hat sie abgelegt? Wenn eine Anwendung hängt, sollten Sie oben links auf „Stoppen erzwingen" tippen. Das entspricht dem guten alten Affengriff (STRG – ALT – ENTF), den Sie vielleicht noch von Windows kennen. Falls es sich um eine App handelt, die Sie ohne Gefahr deinstallieren können, erscheint knapp darunter eine entsprechende Schaltfläche. Dann gibt es noch die Optionen „Daten löschen" und „Cache löschen". Beide sind dann nützlich, wenn Apps sich seltsam verhalten. Aber Vorsicht: „Daten löschen" entfernt alle Daten, die eine bestimmte App für sich gespeichert hat. „Cache löschen" ist nicht ganz so kritisch – dabei geht es nur um einen temporär belegten Speicherbereich. Systemwichtige Apps werden nach dem Beenden automatisch neu gestartet.

System

Im Bereich *„System"* finden Sie wichtige Informationen, die Sie zum Hacken des Fire TV brauchen. Außerdem können Sie den „Bitte nicht stören"-Modus aktivieren, der alle Benachrichtigungen verweigert. Unter *„Info"* → *„Netzwerk"* zeigt das Fire TV seine IP-Nummer an. *„Verfügbarkeit von Systemupdates"* zeigt Ihnen die aktuelle Version der Systemsoftware des Fire TV, derzeit 51.1.3.0.

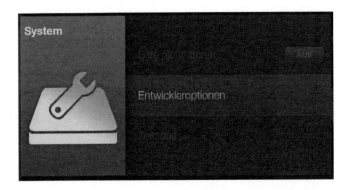

In den „Entwickleroptionen" sollten Sie beide Optionen („ADB-Debugging" und „Apps unbekannter Herkunft") einschalten, falls Sie mit Ihrem Fire TV auch auf von Amazon nicht vorgesehene Weise spielen wollen. ADB-Debugging erlaubt den Zugriff auf die Hardware des Geräts von einem Computer aus. Apps unbekannter Herkunft sind solche, die Sie ebenfalls vom Rechner aus auf das System spielen.

Hilfe

Das Hilfe-Menü bietet Ihnen Hilfe-Videos und Schnelltipps zum Umgang mit dem Gerät. Bei „Kontaktieren Sie uns" können Sie einen Rückruf des Kundensupports anfordern.

Mein Konto

Darüber können Sie sich bei Amazon registrieren und abmelden. Dazu müssen Sie wissen, dass Sie beliebig viele Geräte bei Amazon anmelden dürfen. Unter dem Konto, das Sie hier eintragen, werden all Ihre Einkäufe auf dem Fire TV getätigt. Das heißt auch, dass Sie Ihr Gerät hier abmelden sollten, wenn Sie es an einen anderen Nutzer weitergeben.

„*Amazon-Inhalte synchronisieren*" holt eventuell neu gekaufte Apps, Filme oder Fotos auf Ihr Gerät.

Filme und Serien

Prime Video, Filme und Serien bilden drei separate Abschnitte im Hauptmenü, sind jedoch mit sehr ähnlichen Funktionen ausgestattet.

Amazon verwendet dabei jeweils großen Aufwand darin, Ihnen auf allen möglichen Wegen zur passendsten Serie, zum besten Film zu verhelfen. Streifen sind nach Aktualität und Beliebtheit geordnet, können aber auch nach Genre ausgesucht werden.

Wenn Sie sich für ein Werk entschieden haben, gibt Ihnen das Fire TV fast immer mehrere Optionen.

- Jetzt mit Prime ansehen: Nur für Prime-Kunden – kostenlos.
- Kaufen HD: Film in hoher Auflösung erwerben – Sie besitzen ihn dann und können ihn zum Beispiel auch auf anderen Geräten ansehen.Leihen HD: Manche Filme und Serien, die nicht in Prime enthalten sind, können Sie leihen, also einmalig ansehen. Die Leihgebühren liegen meist unter fünf Euro.
- Folge in HD kaufen: Einzelne Folge der Serie in hoher Auflösung kaufen.
- Staffel in HD kaufen: Komplette Staffel erwerben.

- ▸●▸ Zur Watchlist hinzufügen: Trägt den Film / die Serienfolge in Ihre Watchlist-Merkliste ein.
- ▸●▸ Trailer ansehen: Betrachten Sie die Video-Vorschau.
- ▸●▸ Weitere Video-Möglichkeiten: Hier können Sie Filme, Folgen und Staffeln auch in niedrigerer Auflösung (SD) kaufen, meist für etwa 20 Prozent weniger.

Bei Filmen und Serien ab 18 müssen Sie beim ersten Aufruf zunächst Ihr Alter bestätigen, und zwar über www.amazon.de/jugendschutz. Dazu müssen Sie Ihren Personalausweis bereithalten, weil dessen Nummer abgefragt wird. Hinzu kommt eine gültige Bankverbindung oder Kreditkartennummer als zweite Voraussetzung. Dabei erhalten Sie auch eine PIN, die Sie bei jedem „ab 18"-Titel eingeben müssen. Erst danach wird der Streifen abgespielt.

Im Film selbst werden die Abspieltasten wichtig. Der Play-Button stoppt den Film und setzt ihn fort. Die Zurück-Taste (festhalten!) spult rückwärts, der Vorwärts-Knopf (festhalten!) in Richtung Film-Ende. ☰ ruft ein Kontextmenü auf, über das Sie den Film komplett neu starten und (bei Serien) zur nächsten Folge springen können.

Videos bei Amazon verwalten

Das komplette Video-Programm von Amazon lässt sich inzwischen online nutzen. Sogar ansehen können Sie alle Filme per Web-Browser. Natürlich steht auch die Video-Bibliothek auf diesem Weg bereit, nämlich hier:

https://www.amazon.de/gp/video/library

Allzu viele Möglichkeiten bietet diese Darstellung allerdings nicht.

Anwendungen und Spiele

Im Hauptmenü trennt Amazon die beiden Bereiche „Spiele"
und „Apps". Das hat vor allem den Grund, dass man für
Spiele neue Kommunikations-Funktionen eingeführt hat:
So lässt sich der Spielefortschritt ähnlich wie bei Büchern
mit anderen Nutzern teilen und in der Cloud speichern.
Ansonsten sind Spiele aber ganz gewöhnliche Apps – und
so tauchen sie außer unter „Spiele" eben auch noch unter
„Apps" auf.

Beide Bereiche besitzen am oberen Bildschirmrand jeweils
eine „Bibliothek". Darin finden Sie alle Programme, die Sie
bereits bei Amazon gekauft haben. Was passiert, wenn Sie
auf das Icon klicken, hängt davon ab, ob dieses rechts unten
ein Wolkensymbol zeigt. Wenn ja, laden Sie die Anwendung
dann zunächst auf das Fire TV. Unter dem Icon finden Sie
dann eine Schaltfläche namens „Aus Cloud entfernen", über
die Sie die Software komplett aus Ihrem Account löschen.
Gekaufte Programme müssen Sie dann sogar neu kaufen.
Es ist nicht möglich, Apps oder Spiele gegen Erstattung
zurückzugeben.

Fehlt das Wolkensymbol auf dem Icon der App, können
Sie die App beziehungsweise das Spiel per Klick sofort star-

ten. Unter dem Icon finden Sie dann jeweils einen Button „Deinstallieren", über den Sie die App vom Gerät entfernen können.

Wie kommen Sie am bequemsten an neue Games und Apps? Stöbern Sie in den unterschiedlichen Listen des Appstores. Ob es nun die beliebtesten Games sind, Empfehlungen der Redaktion oder auch bestimmte Kategorien, es gibt unzählige Wege, zur gewünschten Anwendung zu gelangen. Haben Sie sich für ein Programm entschieden, bleiben Ihnen diese Optionen:

- Kaufen: Der Button gibt den Preis in Euro und in Coins an. Coins sind die Amazon-Währung.

- Sie haben x Coins: Der Inhalt Ihres Sparschweins. Klicken Sie hier, um mehr Coins zu kaufen.

- Wichtige Details: Was bei der App sonst noch zu beachten ist, etwa eine Altersbeschränkung. Hier zeigt Amazon drei Stufen an: „Für Alle", „Aufsicht wird empfohlen" und „Für reife Nutzer". Davon unabhängig ist die „Ab 18"-Einstufung. Wenn sie vorhanden ist, muss der Käufer beim Kauf seine PIN eingeben.

- Funktioniert mit: Mit welchen Controllern arbeitet das Programm zusammen?

- App-Details: Enthält unter anderem Beschreibung, App-Berechtigungen, Dateigröße und Datenschutzbestimmungen.

- Bewertungen: Was sagen andere Nutzer über die App?

- Ähnliche Apps: Welche Apps passen zur aktuell ausgewählten?

Bei manchen Apps erhalten Sie beim Kauf übrigens auch Coins geschenkt – diese Angabe finden Sie dann oben rechts.

Sie sind beim Fire TV übrigens nicht auf die Anwendungen aus dem Appstore beschränkt (siehe hinten).

Welche Anwendungen hat Amazon für das Fire TV schon im Programm? Eine Liste finden Sie hier.

http://amzn.to/1E2sNan

Was sind die besten kostenlosen Spiele und Apps?

http://amzn.to/1thGnDl

Und welche Neuheiten hat Amazon ins Programm aufgenommen? Hier ist die Antwort:

http://amzn.to/1nQvTKk

Verwalten von Apps und Spielen bei Amazon

Auf der Amazon-Website ist in Ihrem Konto den gekauften Apps und Spielen ein eigener Bereich reserviert. Auch darüber können Sie Programme löschen. Rufen Sie zunächst diesen Link auf:

https://www.amazon.de/gp/mas/your-account/myapps/

Sie sehen eine Übersicht all Ihrer Apps, die Sie nach Titel, Kaufdatum und Entwickler sortieren lassen können. Am

Ende jeder Zeile finden Sie einen „Aktionen"-Button. Dieser bietet bei Spielen und Anwendungen fünf Möglichkeiten:

- Diese App bewerten: Schreiben Sie eine Bewertung.
- Bestelldetails anzeigen: Link zur Bestellbestätigung von Amazon.
- Meine In-App-Artikel: Was Sie mit der App selbst gekauft haben.
- Diese App archivieren: Die App wird auf dem Fire TV nicht mehr angezeigt. Das schafft Ordnung – und trotzdem müssen Sie sie nicht neu kaufen, wenn Sie sie später doch wieder brauchen. Wählen Sie dann einfach „Diese App wiederherstellen".
- Diese App löschen: Löschen Sie die App komplett aus Ihrem Account. Unwiederbringlich!

Fotos und eigene Videos

Beim Menüpunkt Fotos finden Sie die übliche Aufteilung in „Cloud" und „Gerät" nicht in gewohnter Form. Sie können schlichtweg nicht einfach Bilder auf das Fire TV kopieren. Stattdessen holt sich das Gerät alle Bilder vom Amazon-Server aus dem so genannten „Cloud Drive".

Das heißt für Sie als Anwender, dass Sie Ihre Fotos dort erst einmal unterbringen müssen. Dafür gibt es verschiedene Wege.

- Über ein Kindle-Tablet oder Fire Phone. Hier ist alles bereits eingebaut und funktioniert von Haus aus.

- Über den Webbrowser, https://www.amazon.de/clouddrive/. Funktioniert also von jedem Computer aus, selbst wenn Sie einen fremden Rechner nutzen. Stöpseln Sie Ihre Kamera am USB-Port an und laden Sie die Bilder auf die Website. Eine Erweiterung für Ihren Computer, die ähnlich wie etwa Dropbox funktioniert, hat Amazon für einige Zeit angeboten, dann aber zurückgezogen.

- Über eine App für Android-Smartphones, die Sie hier bekommen: https://play.google.com/store/apps/details?id=com.amazon.clouddrive.photos

▸❶▸ Über eine App für iOS, die kostenlos hier erhältlich ist (ab iPhone 3 GS): https://itunes.apple.com/de/app/amazon-cloud-drive-photos/id621574163?ls=1&mt=8

Haben Sie auf diese Weise Ihre Bilder und Videos im Netz, können Sie sie auch auf dem Fire TV unter „Fotos" betrachten. Dabei haben Sie die Wahl, ob Sie „Alle" Bilder hintereinander sehen wollen oder einzelne Alben. Das Gerät sortiert standardmäßig nach Datum. Das lässt sich mit ☰ aber ändern. Wenn Sie den Cursor auf ein einzelnes Album navigieren, können Sie dieses als Diashow starten oder als Bildschirmschoner einrichten. Weitere Funktionen bietet die Abteilung Foto nicht.

Wenn Ihnen das nicht reicht: Es sind im Appstore bereits Bildbearbeitungsprogramme verfügbar, die auf Bilder im Google Drive, auf Facebook, Flickr oder in Microsofts OneDrive zugreifen können.

Eigene Apps auf dem Fire TV installieren

Die von Amazon vorgesehenen Features des Fire TV haben wir damit abgearbeitet. Aber ich habe Ihnen ja schon zu Beginn versprochen, dass das Fire TV weitaus mehr kann. Damit befassen wir uns im folgenden.

Voraussetzung für jegliche Fire-TV-Magie ist ein Computer, der sich im selben WLAN wie das Fire TV befindet. Am besten im selben Zimmer, damit Sie stets sehen können, was passiert. Es gibt gleich zwei Programme, die Ihnen den Weg zu Ihrem eigenen Fire TV freimachen.

- Fire TV Utility App: funktioniert nur unter Windows. Derzeit Version 0.28, hier erhältlich: http://goo.gl/woVu0s
- adbFire: funktioniert unter Windows, MacOS und Linux. Nachteil: etwas weniger Funktionen. Hier herunterzuladen: http://jocala.com/adbfire.html

Beide Programme sind kostenlos, die Programmierer freuen sich aber über Spenden.

Als Mac-Nutzer bevorzuge ich adbFire, doch die Fire TV Utility App habe ich ebenfalls getestet.

Zunächst gilt es, auf dem Fire TV die nötigen Voraussetzungen zu schaffen. Erlauben Sie im Einstellungsmenü

„System" unter den In den *„Entwickleroptionen"* die beiden Optionen *„ADB-Debugging"* und *„Apps unbekannter Herkunft"*. Danach wechseln Sie zu *„System"* → *„Info"* → *„Netzwerk"* und bringen die IP-Nummer des Fire TV in Erfahrung, etwa 192.168.0.19. Aufschreiben!

Wenn Sie Anwendungen nun aus anderen Quellen als dem gut kontrollierten Amazon-Shop beziehen, bleibt die Verantwortung dafür an Ihnen hängen. Sie sollten deshalb nur Programme aus vertrauenswürdigen Quellen nutzen. Entweder, der Hersteller ist bekannt, dann können Sie eine App auch von seiner Homepage beziehen. Oder Sie vertrauen den Kontrollmechanismen des App-Anbieters. Was Sie auf jeden Fall vermeiden sollten: Einfach nach einer APK-Datei zu googlen und diese dann aus irgendeiner dunklen Quelle zu beziehen.

Apps, die Sie aus dem Amazon-Appstore bezogen haben, können Sie auch nur darüber aktualisieren. Wenn Sie in alternativen Marktplätzen eine neuere Version finden, müssen Sie deshalb zunächst das Original aus dem Amazon-Appstore deinstallieren.

Jetzt ist es an der Zeit, eines der beiden Programme auf Ihrem Computer zu installieren. Starten Sie dann das neue Programm und teilen Sie ihm die IP-Nummer des Fire TV mit. Beim Fire TV Utility wechseln Sie dazu in *„File"* → *„Settings"* und tragen die Nummer unter *„FTV IP Address"* ein. Bei adbFire ergänzen Sie die Nummer im Feld *„Device address"* und klicken auf *„Connect"*. Weitere Einstellungen sind nicht nötig.

Android-Programme (das Fire TV ist ein Android-Gerät), das muss ich Ihnen noch erklären, werden in Form von APK-Dateien verteilt. APK-Dateien sind im Grunde ZIP-Archive.

Auf Ihrem Android-Handy werden Sie nur wenige finden, da bei der Installation das APK-Archiv entpackt und anschließend entsorgt wird. Das Computerprogramm übernimmt nun zwei Aufgaben für Sie: Es kopiert die APK-Datei auf das Fire TV und installiert sie.

Was die Software aber nicht kann: Ihnen APK-Dateien zu besorgen. Das ist Ihre Aufgabe. Weiter unten schicke ich Sie noch zu den spannendsten APK-Quellen. Aber wie funktioniert nun die Installation der Programme?

Betrachten wir zunächst die Fire TV Utility App (siehe Bild unten). Entscheidend ist hier der oberste Teil des Bildschirms. Mit „Select" wählen Sie die zu installierende APK-Datei aus. Das war's dann auch schon – ein paar Sekunden später ist das Programm auf Ihrem Fire TV.

Bei der adbFire-Software ist das Verfahren aber auch nicht komplizierter. Hier klicken Sie stattdessen auf „Install APK" – und schon werden Sie gebeten, ein APK auszusuchen.

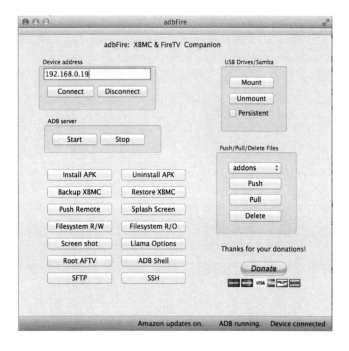

Die neuen Programme werden Sie aber nicht gleich auf dem Fire TV erkennen. Denn der Startbildschirm zeigt sie einfach nicht an. Stattdessen müssen Sie über „Einstellungen" → „Anwendungen" → „Alle installierten Apps verwalten" die App-Liste öffnen, zur App navigieren und dann auf „App starten" klicken.

Das ist umständlich, keine Frage. Deshalb empfehle ich

Ihnen, gleich als allererste App das Programm FiredTVLauncher zu installieren. Sie erhalten es hier:

https://github.com/Redth/FiredTVLauncher/releases

… und natürlich ist es kostenlos. Es ersetzt, zumindest solange es läuft, den normalen Startbildschirm. Beim ersten Mal müssen Sie die App natürlich über den umständlichen Weg (siehe oben) in Gang bringen.

Den normalen Startbildschirm können Sie aus dem FiredTVLauncher durch Start des Programms „FireTV" aktivieren. Tipp: Wenn Sie eine echte Tastatur mit dem Fire TV verbunden haben, können Sie über die Tastenkombination ALT + TAB zwischen aktiven Apps umschalten. Sehr praktisch!

Apps vom Android-Handy installieren

Woher bekommen Sie nun die gesuchten APK-Dateien? Das Abgebot auf dem Appstore im Fire TV selbst ist noch nicht allzu groß. Aber es gibt Alternativen.

Vom Smartphone

Wenn Sie bereits ein Android-Smartphone besitzen, haben Sie vielleicht schon ein paar Apps heruntergeladen. Mit den meisten Modellen haben Sie Zugriff auf den Google-Play-Store, der schon mal eine größere Auswahl bietet als der Amazon-Appstore. Die Apps liegen auf Ihrem Handy als entpackte und installierte Programme vor.

Allerdings haben Sie keinen direkten Zugriff darauf. Stattdessen müssen Sie sich einen Datei-Manager wie etwa den ES Datei Explorer besorgen und diesen dazu benutzen, ein Backup der App auf der Speicherkarte anzulegen.

Das funktioniert recht simpel: Laden Sie zunächst die kostenlose Software ES Datei Explorer aus dem Google-Play-Store auf Ihr Gerät. Installieren und starten Sie sie und tippen Sie dann auf das Icon mit den drei Querstrichen ganz links oben. Aus dem Menü wählen Sie „Bibliothek", dort dann „Application". Es erscheint eine Übersicht all Ihrer auf dem Handy installierten Programme.

Tippen Sie länger auf das Programm, das Sie auf Ihr Fire TV transferieren wollen. Aus den Menüoptionen unten wählen Sie „Sichern". Die Software erzeugt eine Kopie im Ordner /sdcard/backups/apps, die Sie nun via USB zum Computer und dann zum Fire TV transferieren können. Ab diesem Moment unterscheidet sich das Vorgehen nicht mehr von der zweiten Variante.

Vom PC

Manche Anbieter erlauben Ihnen, APK-Dateien direkt auf Ihren Computer herunterzuladen. Google Play gehört nicht

Matthias Matting

dazu. In diesem Fall müssen Sie die Apps nur noch auf Ihr Fire TV transferieren – wie oben schon beschrieben.

Über die Cloud

Das wohl umständlichste Verfahren – weil das Fire TV von sich aus keine Anbindung an Cloud-Speicher unterstützt. So müssen Sie zunächst Dropbox installieren und dann mit dem ES Datei Explorer darauf zugreifen. Das ist mir zu kompliziert, aber wenn Sie bereits viele Daten online haben, kann es für Sie eine Option sein.

Welche Apps funktionieren?

Nicht alle Programme aus fremden Marktplätzen laufen auf dem Fire TV. Das kann verschiedenste Ursachen haben. Vielleicht sind sie für andere Modelle oder andere Android-Versionen programmiert. Das Android-System ist wegen der Hardware- und System-Vielfalt ziemlich fragmentiert.

Eventuell sind die Programme aber auch gegen Kopieren geschützt. Das trifft, wenn überhaupt, dann auf Apps zu, die Sie bezahlen mussten.

Und schließlich sind viele Programme für Touch-Input optimiert. Sie lassen sich dann nur mit Maus oder einer Tastatur mit Touchpad bedienen, und das auch nicht immer. Ein Rennspiel, das ich getestet habe, wollte im Startbildschirm zum Beispiel unbedingt eine Touch-Eingabe, obwohl es später wunderbar mit dem Gamecontroller funktioniert hätte. Nur bin ich nie so weit gekommen ...

Unter den bekannten Google-Apps, die auf den meisten Android-Smartphones mitgeliefert werden, funktioniert auch nicht jedes mit dem Fire TV. Im wesentlichen sind all die Apps Problemfälle, die ein Login bei Google erfordern.

Interessante Marktplätze

Das Fire TV ist bei weitem nicht das einzige Android-Gerät, das keinen Zugriff auf den Google Play Store hat. Deshalb gibt es eine große Auswahl alternativer Marktplätze. Es ist allerdings höchst unterschiedlich, wie sicher und wie komfortabel diese sind.

Manche fordern zum Beispiel die E-Mail-Adresse Ihres Android-Geräts und schicken dann dorthin den Download-Link. Eine eher fragwürdige Datensammelei. Andere erlauben Downloads nur nach Login. Auch das würde ich im Zweifel vermeiden – es genügt ja, dass Sie Amazon Ihre Daten übereignen müssen.

Was die Bedienung betrifft, finde ich zwei Vorgehensweisen akzeptabel. Entweder ein direkter Download der APK-Datei aus dem Webbrowser. Diese landet dann im Downloadverzeichnis. Von dort können Sie das Programm über Einstellungen → Downloads gleich installieren. Noch etwas komfortabler finde ich den Download über eine eigene App – so wie ja auch der Amazon-Appstore als App funktioniert.

F-Droid

F-Droid ist ein Katalog von Open-Source-Programmen für Android. Sie können APK-Dateien direkt von der Website laden. Alternativ lässt sich aber auch die zugehörige App nutzen.

Website: https://f-droid.org (https://f-droid.org)

App: https://f-droid.org/FDroid.apk (https://f-droid.org/FDroid.apk)

Die App ist mit der Fernbedienung bequem bedienbar. AndroitPitAndroidPit ist als deutscher Anbieter schon einmal unterstützenswert. Die App dazu finden Sie unter http://goodereader.com/apps/android-apps/android-app-stores/?did=115

Zur Bedienung des Appstores benötigen Sie allerdings eine Maus (USB oder Bluetooth).

1Mobile

Ebenfalls ein empfehlenswerter Marktplatz für kostenlose Apps – angeblich über 200.000. Hübsch: man kann die Programme auch am PC ausprobieren, bevor man sie auf das Fire TV lädt. Die App dazu gibt es hier – aber Achtung, ohne Maus kommen Sie nicht aus:

http://f.1mobile.com/mobile_software/channel/1MobileMarket_31.apk

Good-E-Reader

Der Appstore des US-Anbieters Good-E-Reader ist vorbildlich, weil er den Download direkt aus dem Web ebenso erlaubt wie über eine App. Alle Programme in diesem Appstore sind kostenlos. Die App bekommen Sie hier:

http://apps.goodereader.com/android-apps/android-app-stores/?did=171

Sie lässt sich sogar auf dem Fire TV einrichten. Die Bedienung ist zwar ohne Maus etwas gewöhnungsbedürftig (mangels Touchscreen), aber nicht unmöglich.

GetjarGetjar war einer der ersten App-Anbieter überhaupt – für die ersten Symbian-Smartphones brauchte man noch Jar-Files. Auch mit Android-Programmen ist er ganz gut bestückt, alle sind kostenlos. Die App (nur mit Maus sinnvoll bedienbar) gibt es hier:

http://goodereader.com/apps/android-apps/android-app-stores/?did=46

MusikMusik ist das einzige digitale Medium, für das das Fire TV kein eigenes Menü besitzt. Hier können Sie sich zunächst nur unter entsprechenden Apps bedienen, die es etwa für den Musikdienst Spotify im Appstore gibt. Da Amazon mit Amazon Music ein eigenes Musikportal eingerichtet hat, ist das besonders unverständlich:

https://www.amazon.de/gp/dmusic/cloudplayer/player

Ihre dort abgelegten Titel können Sie damit zwar auf allen möglichen Computern, Handys und Tablets abspielen, aber nicht auf dem Fire TV. Die Android-App funktioniert hier nämlich nicht. Also müssen Sie wohl tricksen.

Wie Sie eigene Apps installieren, haben Sie ja bereits erfahren. Die perfekte App für Musikliebhaber heißt „XBMC" (in Zukunft „Kodi", der Namenswechsel läuft gerade).

Das Programm bekommen Sie kostenlos von der Projekt-Website: http://kodi.tv/download/

Laden Sie die Version für Android (ARM) herunter, beim grünen Android-Robot. Die stabile Version 13.2 funktioniert bei mir hervorragend.

Überspielen Sie dann das APK wie weiter vorn beschrieben auf Ihr Fire TV und starten Sie die App. Sie werden sich wie in einer anderen Welt vorkommen.

XBMC besteht aus vier Bereichen: Bilder, Videos, Musik, Programme und System. Zunächst sollten Sie über *„System"* → *„Appearance"* → *„International"* → *„Language"* die Sprache auf *„German"* umstellen und die Region auf *„Deutschland"*.

Wenn Sie sich ein bisschen durch die Menüs klicken, werden Sie schnell merken: Die Software ist äußerst umfangreich. Für eine komplette Beschreibung bräuchten Sie ein eigenes Handbuch. Vieles erschließt sich aber auch leicht.

Grundsätzlich genügt für XBMC die Fernbedienung. Allerdings werden von Haus aus die Play- und Spultasten nicht unterstützt. Das können Sie mit einer alternativen Tastenbelegung ändern, die Sie hier finden:

http://kodi.wiki/view/Alternative_keymaps_for_Fire_TV_remote

Um Sie zu installieren, brauchen Sie in adbFire nur „Push Remote" zu klicken und eine der drei Keymaps auszuwählen. Die Website oben beschreibt die geänderte Belegung.

Da wir uns in diesem Kapitel um Musik kümmern wollen, klicken Sie nun bitte in diesen Bereich.

Zunächst finden Sie hier nur:

- Musik Addons
- Musik hinzufügen...

Die Addons ermöglichen Ihnen vor allem den Zugriff auf verschiedenste Internet-Radiosender, aber auch auf Audiobooks (etwa von Vorleser.net), iTunes-Podcasts und anderes.

„Musik hinzufügen" lässt Sie auf freigegebene Ordner anderer Computer zugreifen („UPnP"), aber auch auf die Dateiordner Ihres FireTV. Sie könnten nun einfach Ihre Musik adbFire oder Fire TV Utility App auf das Fire TV kopieren. In adbFire würden Sie dazu die „Push"-Funktion auf die „sdcard" nutzen. Allerdings hat das Gerät eben nur 5 Gigabyte frei – und ein paar Apps wollen Sie ja vielleicht auch installieren... Ich empfehle deshalb, eher die Dateifreigabe über das WLAN zu nutzen. Viele Internet-Router erlauben es inzwischen, Festplatten oder USB-Sticks direkt daran anzuschließen, sodass darauf enthaltene Dateien via UPnP bereitstehen.

Eine Alternative wäre es, das Fire TV zu rooten. Die aktuelle Firmware-Version ist dazu nicht mehr geeignet. Sie müssten also erst eine ältere Version installieren. Danach können Sie die Root-Funktion von adbFire oder Fire TV Utility nutzen. Erst wenn das erfolgt ist, lassen sich auch USB-Sticks am USB-Anschluss nutzen. Das Verfahren ist hier beschrieben:

http://www.aftvnews.com/how-to-root-the-amazon-fire-tv/

Web, E-Mail & Co.

Wenn Sie schon ein Gerät mit Internet-Verbindung besitzen, wollen Sie damit vermutlich auch ins Web. Doch das Fire TV kann Sie auch bei E-Mails unterstützen.

Webbrowser

Mein Tipp hierzu ist der Webbrowser „UC Browser", den Sie hier bekommen:

http://www.ucweb.com

Laden Sie das APK der Android-Version herunter und kopieren Sie sie wie beschrieben auf das Fire TV.

Das Programm ist blitzschnell und kann dabei alles, was ein Browser können muss. Zur Bedienung brauchen Sie allerdings eine Maus. Einen Webbrowser, der sich nur mit der Fire-TV-Fernbedienung steuern lässt, habe ich noch nicht gefunden. Wenn Sie da etwas parat haben, freue ich mich über Ihre Tipps!

Beim ersten Aufruf einer Seite mit dem UC Browser wird das Layout etwas zerschossen aussehen. Das liegt daran, dass zunächst der „Speed-Mode" aktiv ist. Den können Sie über den Menüknopf oben rechts deaktivieren. Der UC Browser kann mehrere Tabs öffnen, und er ermöglicht ebenfalls, Websites inkognito zu besuchen.

E-Mail

Auch ein E-Mail-Client fehlt dem Fire TV. Ich empfehle „K9 Mail", das Sie auf dieser Seite bekommen:

https://f-droid.org/repository/browse/?fdid=com.fsck.k9

K9 ist kostenlos und nervt nicht mit Werbung. Zudem lässt sich die App auch mit der Fernbedienung steuern – wobei das Schreiben langer E-Mails damit sehr unkomfortabel ist.

Laden Sie die APK-Datei herunter und installieren Sie sie wie gewohnt. Beim ersten Start müssen Sie zunächst ein Konto einrichten. Dazu brauchen Sie keine Bank, wohl aber einen Internet-Anbieter. Zu den in Deutschland beliebtesten gehören Google, Yahoo und Outlook, aber auch T-Online, Web.de oder GMX.

Damit K9 Mail die bei diesen Anbietern vorliegenden Daten (E-Mails, Kontakte…) abrufen kann, braucht es Ihre Zugangsdaten. Diese müssen Sie dem Fire TV beibringen. Bei vielen Anbietern (etwa Google Mail, Yahoo oder Web. de) reicht es schon, wenn Sie E-Mail-Adresse und Kennwort eingeben.

Klappt das nicht, navigieren Sie nach unten auf die *„Manuelle Einrichtung"*. Nun müssen Sie sich für einen Kontotyp entscheiden: Pop3, Imap oder Exchange.

Wenn Sie im Büro Ihre Mails mit Outlook versenden – oder überhaupt eine Firmen-Mailadresse besitzen – stehen die Chancen gut, dass Sie die Einstellung „Exchange" verwenden können. Dann geben Sie zunächst Name, Mailadresse und Kennwort an und tippen auf „weiter". Das Fire Phone fragt nun den Namen des Exchange-Servers ab. Wie der lautet, müssten Sie den Administrator in Ihrer Firma fragen. Im günstigsten Fall vielleicht mail.ihre-domain? Wer nur einen Internetzugang für zuhause hat, besitzt in der Regel KEIN Exchange-Konto. Bei T-Online ist es allerdings möglich, auch ein Exchange-Konto zu bekommen.

Dazu braucht das Gerät erneut Ihr Passwort und den Benutzernamen für das Konto (meist die Mailadresse oder aber der Teil der Mailadresse vor dem @-Zeichen). Wenn Sie alles eingetippt haben, versucht die Software, eine Verbindung herzustellen. Falls das nicht gelingt, haben Sie noch zwei Optionen: Aktivieren Sie zunächst im zweiten Einstellungsschirm „Alle Zertifikate akzeptieren". Reicht das nicht, können Sie auch noch SSL deaktivieren. Kommen Sie auch danach noch nicht auf Ihren Firmen-Mailserver, werden Sie das Tablet wohl mit ins Büro nehmen und den Admin fragen müssen…

Sie haben Ihr Konto bei einer kleineren Firma? Dann benutzen Sie die Optionen „Pop3" oder „Imap". Hier brauchen Sie ein paar Daten, die Ihr Provider normalerweise auf seinen Hilfe-Seiten zur Verfügung stellt, nämlich die Servernamen für Pop3 oder Imap, ob die Daten verschlüsselt gesendet werden sollen und auf welchen Ports die Kommunikation abläuft. Ports sind quasi verschiedene Eingangstüren in den Server. Weiter unten finden Sie für die gängigen Provider die passenden Daten.

Sollten Sie Pop3 oder IMAP wählen? K9 Mail unterstützt beides. IMAP bietet mehr Komfort, nämlich eine echte Synchronisation zwischen all Ihren Geräten und dem Server. Was Sie auf dem Gerät löschen, wird auch auf dem Server gelöscht. Was Sie lesen, gilt auch auf dem Server als gelesen. Wenn Sie also im Büro denselben Posteingang abfragen, haben Sie die Ergebnisse Ihrer Arbeit auf dem Fire TV schon vor sich. Bei Pop3 hingegen haben Sie nur die Wahl, auf das Gerät heruntergeladene Mails auf dem Server zu löschen (sie lassen sich dann nie wieder woanders abrufen!) oder nicht – in letzterem Fall landen alle Mails aber auch als ungelesen auf ihrem Computer. Nicht jeder Provider unterstützt allerdings IMAP.

Beim kostenlosen Postfach von Web.de gibt es übrigens eine kleine Hürde: Der Postabruf ist nur alle 15 Minuten erlaubt. Falls Sie nun noch irgendeine andere E-Mail-Software, etwa auf dem PC oder dem Blackberry, mit Ihrem Web.de-Account benutzen, dann kommt das Fire TV nie an Ihre Post! Bevor Sie ein Web.de-Postfach auf dem Fire TV einrichten, sollten Sie also unbedingt alle anderen E-Mail-Programme deaktivieren. Beachten Sie bei diesem Provider, dass das @ web.de Teil des Benutzernamens ist.

Daten wichtiger Provider

Freenet

Posteingang: mx.freenet.de (Pop3+IMAP), Port 995, Sicherheit: SSL/TLS

Postausgang: mx.freenet.de, Port 587, Sicherheit: SSL/TLS

T-Online

Posteingang: popmail.t-online.de (Pop3, Port 110), secureimap.t-online.de (IMAP, Port 993, Sicherheit: SSL/TLS)

Postausgang: securesmtp.t-online.de, Port 587, Sicherheit: STARTTLS

Exchange: activesync.t-online.de

1&1

Posteingang: pop.1und1.de (Pop3, Port 995, Sicherheit: SSL/TLS), imap.1und1.de (Port 993, Sicherheit: SSL/TLS)

Postausgang: smtp.1und1.de, Port 25, mit Anmeldung, Sicherheit: nein

Strato

Posteingang: pop3.strato.de (Pop3, Port 995, Sicherheit: SSL/TLS), imap.strato.de (IMAP, Port 993, Sicherheit: SSL/TLS)

Postausgang: smtp.strato.de (Port 465, mit Anmeldung, Sicherheit: SSL/TLS)

Wenn Ihr Anbieter nicht darunter ist, finden Sie sicher auf seiner Website die nötigen Angaben. Oder Sie sehen in dieser langen Liste im Web nach: http://www.patshaping. de/hilfen_ta/pop3_smtp.htm

Ein neues Postfach können Sie in K9 Mail stets über das „+"-Icon im Hauptmenü oben rechts einrichten. Die Taste  bringt Sie stets ins Einrichtungsmenü.

Auf dem Fire TV lesen

Das Fire TV kommt von Amazon – wie auch der Kindle. Was liegt also näher, als auch die Kindle-App auf dem Fire TV einzurichten?

Das funktioniert tatsächlich gut, solange Sie nicht die allerneueste Version wählen. Die Kindle-App 3.3 funktionierte im Test reibungslos und ließ sich auch mit der Fernbedienung gut steuern. Lediglich zum Ändern der Schriftgröße und der Hintergrundfarbe brauchen Sie eine Maus oder ein Touchpad.

Laden Sie das Programm von hier herunter:

http://www.apkmarket.de/wp-content/uploads/2011/12/amazonkindle_3311.apk

Kopieren Sie es wie gewohnt auf das Fire TV und starten Sie es.

Zunächst müssen Sie sich mit Ihrem Account registrieren. Anschließend erscheint auch schon Ihre Bibliothek auf dem Bildschirm. Klicken Sie auf ein Buch, um es auf das Gerät herunterzuladen und zu lesen. Ein längerer Klick lässt Sie gleich zur zuletzt gelesenen Seite springen.

Wenn Sie Maus oder Touchpad angeschlossen haben, können Sie sogar Wörter in Wörterbuch oder Wikipedia nachschlagen und Textteile markieren. Lediglich die Nutzung externer Wörterbücher ist nicht möglich.

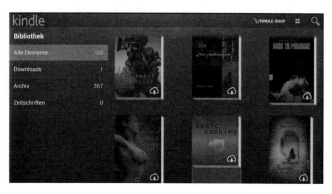

Bücher löschen

Tippen Sie in der Übersicht etwas länger auf den Buchtitel, bis ein Kontextmenü erscheint. Wählen Sie daraus „Von Gerät löschen" – das eBook taucht nun wieder in der Cloud auf. eBooks können Ihnen bei Amazon nie verloren gehen – sobald Sie eines gekauft haben, liegt es in der Cloud für Sie bereit.

Bücher leihen

Wer das Amazon-Prime-Programm für 49 Euro pro Jahr abonniert hat, kann pro Monat ein eBook ausleihen. Amazon nennt das die „Kindle-Leihbibliothek". Rückgabefristen gibt es nicht. Sie können aber erst ein neues eBook ausleihen, wenn Sie das alte zurückgegeben haben.

Die Leihbibliothek finden Sie, wenn Sie über „Bücher"
den „Shop" aufrufen. Dort versteckt sie sich im Bereich
„Stöbern". Es stehen über 200.000 Titel bereit, darunter
rund 8000 in deutscher Sprache. Bücher aus Verlagen sind
darunter noch relativ rar.

Deutlich interessanter ist aber „KindleUnlimited". Für
9,99 Euro im Monat können Sie aus einem ca. 45.000 Titel
umfassenden Pool ohne weitere Kosten so viel lesen, wie
Sie möchten. Abonnieren können Sie den Dienst unter
www.amazon.de/kindleunlimited. Auch dieses Buch gehört
übrigens zu den in KindleUnlimited kostenlos enthaltenen
E-Books. Desweiteren sind unter anderem dabei:

- KindleUnlimited – das inoffizielle Handbuch (https://
  www.amazon.de/dp/B00071AWHY/?tag=editor
  ixorg-21)
- Fire TV – das inoffizielle Handbuch (https://www.
  amazon.de/dp/B00074EWC2/?tag=editorixorg-21)
- Der neue Kindle mit Touchscreen – das inoffizielle Handbuch (http://www.amazon.de/neue-
  Kindle-mit-Touchscreen-inoffizielle-ebook/dp/
  B0005TH4KQ/?tag=editorixorg-21)
- Kindle – das inoffizielle Handbuch (http://www.ama-
  zon.de/Kindle-inoffizielle-Handbuch-Paperwhite-Anlei-
  tung-ebook/dp/B0051PL9M2/?tag=editorixorg-21)
- Kindle Fire HDX – das inoffizielle Handbuch (http://
  www.amazon.de/Kindle-Fire-HDX-inoffizielle-Hand-
  buch-ebook/dp/B00GLAVAES/?tag=editorixorg-21)
- Beisha – Getötet (Thriller) (http://www.amazon.de/
  Beisha-Getötet-Thriller-Matthias-Matting-ebook/dp/
  B00B40JM4K/)
- Schöner Sterben – Kleine Mordkunde für Krimifans

(http://www.amazon.de/Schöner-Sterben-Krimifans-Rechtsmedizin-Jedermann-ebook/dp/B00EFW3ZPG/)

►❶ Noch schöner Sterben – Mehr Mordkunde für Krimifans (http://www.amazon.de/Noch-schöner-Sterben-Mordkunde-Krimifans-ebook/dp/B00MHLQOWI/)

Bücher an andere Nutzer zu verleihen ist derzeit in Deutschland nicht möglich. In den USA gibt es diese Möglichkeit schon.

Bücher aktualisieren

Ein Vorteil des Kindle-Systems besteht darin, dass Autoren ihre Bücher im Prinzip jederzeit aktualisieren können. Allerdings merken Sie als Käufer davon nur etwas, wenn Sie zufällig bei Amazon vorbeischauen und das in der Buchbeschreibung vermerkt ist. Schöner wäre es, erschiene das aktualisierte Buch automatisch auf Ihrem Fire TV. Diese Funktion hat Amazon neu eingeführt. Sie müssen sie aber zunächst unter www.amazon.de/myk aktivieren (ganz unten auf der Seite).

Wenn das nicht der Fall ist, können Sie auch unter www.amazon.de/myk prüfen, ob eine Aktualisierung des Buchs vorliegt. Wenn ja, können Sie sich über den „Aktionen"-Button am rechten Rand ganz bequem die neuere Version selbst überspielen.

Anderenfalls kommen Sie um einen Anruf beim Amazon-Kundendienst nicht herum. Schildern Sie, welches Buch Sie in der aktuellsten Version haben wollen, der Service erledigt zuverlässig den Rest. Buchautoren haben die Möglichkeit, den Service zu bitten, alle Leser über die bereitstehende

Aktualisierung zu informieren. Die Leser erhalten dann eine E-Mail von Amazon, die sie mit „Ja" beantworten müssen.

Bücher verschenken

Um über Amazon.de Bücher zu verschenken, muss man einen Geschenkgutschein ordern. Den kann der Beschenkte allerdings für ein beliebiges Buch einsetzen (oder für etwas ganz anderes). Achtung, der Gutschein muss **vor** dem Kauf eingelöst werden.

Im US-Kindle-Store hingegen funktioniert das Verschenken einzelner Bücher bereits. Dazu muss man sein Konto lediglich zeitweise auf Amazon.com ummelden. Der mit dem Buch Bedachte erhält eine Nachricht und kann das eBook dann kostenlos auf seinen Kindle (oder eine Kindle-App) laden. Natürlich ist man auf das Angebot des US-Store beschränkt. Auch die Bezahlung per Bank-Abbuchung kennt Amazon.com nicht.

Bücher-Schnäppchen

Zu den Gratis-eBooks kommen in letzter Zeit verstärkt preisgesenkte Titel hinzu – entweder als „Kindle-Deal" (meist Verlagsbücher) oder auch von unabhängigen Autoren. Solche Schnäppchen finden Sie bequem unter

www.ebook-rabatte.de

Dort können Sie auch bestimmte Genres abonnieren oder sich bei einer Preissenkung Ihres Wunsch-Titels informieren lassen. Der Service ist kostenlos.

Kostenlose Bücher

Amazon stellt selbst einige hundert kostenlose Titel im Kindle-Store bereit, meist Klassiker. Weitere sind im Lauf der Gratis-Aktionen verfügbar, die viele Self Publisher veranstalten. Doch es gibt ja Jahrtausende menschlicher Kreativität, die auch in Buchform verfügbar ist. Das Gutenberg-Projekt und auch Google befassen sich seit Jahren damit, Bücher für die Allgemeinheit zugänglich zu machen, deren Urheberrechte erloschen sind.

Im Kindle-Store finden Sie diese, wenn Sie auf seiner Startseite ganz an den unteren Bildschirmrand navigieren. Ich verspreche Ihnen, Sie werden viele Lieblingsbücher Ihrer Kindheit wiederfinden, von Jules Verne bis Karl May, und dazu echte Perlen der Weltliteratur. Und zwar in deutscher Sprache, zur sofortigen Lieferung.

Das genügt Ihnen nicht? Hier ist eine Liste mit weiteren Buch-Archiven. Was Sie dort finden, können Sie meist direkt mit dem Webbrowser des Kindle auf Ihr Gerät laden. Allerdings landen Downloads zunächst im Ordner Downloads. Damit Sie das Buch lesen können, müssen Sie es mit einem Datei-Manager (Empfehlung: der kostenlose ES File Explorer aus dem Amazon-Appstore) vom Ordner Downloads in den Ordner Books übertragen. Wenn Sie dann erneut das Bücher-Menü aufrufen, sollten Sie das neue Buch sehen.

Beam eBooks

http://www.beam-ebooks.de/kostenlos.php5

Eine durchaus nicht kleine Auswahl kostenlosen Lesestoffes, meist auch im Mobi-Format.

Bookrix

http://www.bookrix.de/ebooks_lesen.html

Bookrix ist eine Autoren- und Lesercommunity, die über 88.000 eBooks kostenlos bereitstellt. Die eBooks liegen als ePub vor, lassen sich also entweder mit Calibre (s. u.) umwandeln oder mit einem alternativen ePub-Reader (siehe Tipps) lesen.

eBook.de

http://www.ebook.de/de/category/59011/gratis_ebooks.html

Bietet einige hundert kostenlose Titel zum Download. Die eBooks liegen als ePub vor, lassen sich also entweder mit Calibre (s. u.) umwandeln oder mit einem alternativen ePub-Reader (siehe Tipps) lesen.

Eleboo

http://www.eleboo.de/kostenlose-ebooks

In dieser Büchercommunity können Autoren ihre Bücher kostenlos anbieten – viele haben das bereits getan.

Freebook

http://freebook.de

Freebook zählt derzeit über 800 kostenlose eBooks.

Freiszene

http://www.freiszene.de/ebooks/

Eine größere Auswahl kostenloser eBooks, einen Blick wert.

Free Computerbooks

http://freecomputerbooks.com

Kostenlose eBooks aus dem Bereich Computer & Programmierung (fast alle in englischer Sprache).

Gutenberg-Projekt

http://www.gutenberg.org/

Über 33.000 kostenlose eBooks in fast allen Sprachen der Welt, die Sie direkt in einem für den Kindle geeigneten Format herunterladen können. In den „Categories" finden Sie übrigens auch ein deutschsprachiges Bücherregal. Bei freekindlebooks.org finden Sie auch einen Katalog im eBook-Format, der Direkt-Links zu den Gutenberg-eBooks enthält. Sehr praktisch:

http://www.freekindlebooks.org/MagicCatalog/MagicCatalog.mobi

Google eBookstore

http://books.google.com/ebooks

Die Ergebnisse von Googles Scan-Aktion – vor allem im PDF-Format. Achten Sie hier darauf, nicht die Variante für E-Reader auszuwählen, sondern die PDF-Version. Google will hier auch Bücher zum Kauf anbieten, die nicht mit dem Kindle kompatibel sind.

Mobileread Download Guide

Die beliebte E-Reader-Website Mobileread fasst alle dort erhältlichen, vorwiegend englischen Kindle-eBooks in einem eigenen, täglich aktualisierten eBook zusammen, dem Mobileread Download Guide. Eine originelle Idee! Das eBook ist kostenlos wie auch die Bücher, die man darüber beziehen kann. Autoren listet es nach Alphabet.

http://www.mobileread.com/mobiguide

RetroRead.com

Ein Kindle-freundlicher „Aufsatz" für books.google.com, der Ihnen die dort erhältlichen kostenlosen Bücher gleich als Kindle-kompatible Dateien liefert.
http://www.retroread.com/

Internet Archive

http://www.archive.org/details/texts

2,8 Millionen Texte in allen Sprachen der Welt, die hier kostenlos zur Verfügung stehen, auch in Kindle-geeigneten Formaten. Über die „Advanced Search" können Sie auch Bücher in Deutsch herausfiltern – geben Sie dazu im „Custom Field" den Parameter „language" an und im Wertefeld daneben „german".

Kobo

http://www.kobobooks.de/free_ebooks

Kobo rühmt sich, mehr als eine Million kostenloser eBooks im Angebot zu haben. Ich habe nicht nachgezählt. Die eBooks liegen als ePub vor, lassen sich also entweder mit Calibre (s. u.) umwandeln oder mit einem alternativen ePub-Reader (siehe Tipps) lesen.

Open Library

http://openlibrary.org

Über eine Million Titel, die Sie direkt an den Kindle senden lassen können oder als Kindle-kompatibles File downloaden dürfen.

ManyBooks

http://www.manybooks.net

Über 30.000 ausgewählte Bücher (teilweise aus dem Gutenberg-Projekt), die man direkt im Kindle-Format überspielen kann.

Thalia

http://www.thalia.de/shop/ebooks_kostenlos/show/

Hat ein eigenes Regal mit einer deutlich vierstelligen Zahl kostenloser eBooks. Die eBooks liegen als ePub vor, lassen sich also entweder mit Calibre (s. u.) umwandeln oder mit einem alternativen ePub-Reader (siehe Tipps) lesen.

Aktuelle Buch-Verschenk-Aktionen

Seit Anfang 2012 hat die Anzahl der Aktionen rapide zugenommen, bei denen deutsche Verlage oder Autoren über Amazon ihre eBooks verschenken. Diese Aktionen dauern meist nur wenige Tage. Wenn Sie nichts verpassen wollen, sollten Sie regelmäßig bei diesen Websites vorbeischauen:

- XTME: http://www.xtme.de
- E-Literati: http://www.e-literati.de
- Best-eBook-Finder: http://bestebookfinder.com/
- eBook-Ninja: http://www.ebookninja.de
- Gratis-eBooks: http://www.gratis-e-books.de/top-10-gratis-ebooks/
- Legale kostenlose eBooks: http://ebooks.2add.info
- Buchregen: http://buchregen.com
- Gratizone: http://www.gratizone.com/?db=de
- Amazon-Forum „Kindle", Thread: Aktuell kostenlose deutsche Kindle-Bücher: http://amzn.to/Hd8siF
- Amazon-Forum „eBook", Thread: Listen Sie Ihre Kos-

tenlosen eBooks Hier (GRATIS – FREE): http://amzn.
to/YCHtI8

-⊙- E-Reader-Forum, Board „Werbung": http://www.e-
reader-forum.de/sonstiges/board9-werbung/

Die eBooks gibt es meist nur wenige Tage kostenlos, achten
Sie also unbedingt darauf, ob der Preis wirklich noch bei
0 Euro liegt.

Dokumente ansehen und bearbeiten

Der Fernseher ist zwar nicht das perfekte Arbeitsinstrument, aber vielleicht haben ja gerade Ihre Kinder den Computer in Beschlag genommen, während Sie mal eben eine Excel-Rechnung prüfen oder einen Text korrigieren müssen? Dann hilft Ihnen das Fire TV gern, jedenfalls mit den richtigen Apps. Meine Empfehlung ist dabei das Office-Paket des deutschen Herstellers Softmaker. Es besteht aus den drei Komponenten

- Textmaker (Word-kompatibel)
- Planmaker (Excel-kompatibel)
- Presentations (Powerpoint-kompatibel)

Herunterladen können Sie es kostenlos hier: http://www.softmaker.de/ofa.htm

Sie erhalten eine Demoversion, mit der Sie alle Features ausprobieren können. Die Vollversion kostet knapp 20 Euro. Besonders praktisch finde ich dabei, dass Sie alle Komponenten sogar allein mit der Fernbedienung steuern können. Aber natürlich ist die Texteingabe über eine Tastatur bequemer.

Geht es Ihnen nur um das Betrachten von PDF-Dateien, setzen Sie am besten auf den Standard, den Adobe-PDF-Viewer. Sie bekommen die APK-Datei hier:

http://www.apkmarket.de/adobe-reader/

Bei der Bedienung rein mit der Fernbedienung fehlt bei größeren Dokumenten leider die Möglichkeit, schnell auf eine bestimmte Seite zu springen.

Tipps, Tricks und Hacks

Natürlich kann man den Fire TV ganz prima so benutzen, wie er ist. Amazon hat an fast alles gedacht, und was Amazon weggelassen hat, braucht man ja vielleicht nicht unbedingt... Aber es soll ja Nutzer geben, die sich gern etwas intensiver mit ihrem Gerät befassen. Für die sind die folgenden Tipps gedacht, die ich selbstverständlich alle getestet habe. Meinem Fire TV haben sie nicht geschadet.

Fire TV schnell neu starten

Drücken Sie OK und die Play-Taste gemeinsam für mindestens zehn Sekunden, um das Fire TV neu zu starten.

Halten Sie Cursor-Rechts und gemeinsam für zehn Sekunden gedrückt, setzen Sie das Fire TV auf Werkseinstellungen zurück. All Ihre Inhalte werden dabei gelöscht.

Bildschirmauflösung ändern

Jetzt kommt eine echte Herausforderung: Drücken Sie ,

Rückspultaste, Cursor-Rechts und OK gleichzeitig für zehn Sekunden, dann testet das Fire TV alle möglichen Bildschirmauflösungen für jeweils zehn Sekunden. Wenn Sie nun OK drücken, bleibt es bei der gerade gewählten Auflösung.

Das kann hilfreich sein, wenn Ihr Display eine ungewöhnliche Auflösung mitbringt.

Sparen mit Coins

Die Amazon-Währung heißt „Coins". Coins (Münzen) erhalten Sie für manche Käufe, Sie können Coins aber auch gegen Euro kaufen. Während beim Kauf von Inhalten die Umrechnung immer 1 zu 100 ist (1 Euro = 100 Coins), gibt Ihnen Amazon Rabatt, falls Sie eine bestimmte Menge Coins auf einmal erwerben.

Der Rabatt liegt zwischen 4 Prozent (bei 500 Coins) und 10 Prozent (bei 5000 Coins). Das ist zwar nicht viel, aber wenn Sie regelmäßig Apps und Games kaufen, lohnt es sich trotzdem.

Für Deutschland nicht freigeschaltete Apps kaufen

Einige Apps sind von Amazon auf bestimmte Länder beschränkt. Dazu gehören manche Spiele (etwa Deus Ex: The Fall, http://www.amazon.com/dp/B00FBA5FCW/) ebenso wie etwa die Apps der BBC (http://www.amazon.com/dp/B000P4CQE0/).

Wenn Sie die Apps im Store ansehen, erhalten Sie nur eine unbefriedigende Meldung:

We're sorry

You are not eligible to purchase this app due to geographical restrictions. (Why?)

Doch es gibt Abhilfe. Das Zauberwort heißt: Account-Umzug. Amazon gibt Ihnen unter www.amazon.de/myk die Option, mit Ihrem Account in ein anderes Land umzuziehen.

- Loggen Sie sich ein, wechseln Sie zu *„Einstellungen"* → *„Ländereinstellungen"*.
- Als Land sollte dort „Deutschland" stehen. Klicken Sie auf *„Ändern"*.
- Geben Sie eine gültige US-Adresse ein. Sie können sich von der Website www.fakenamegenerator.com helfen lassen – verstoßen damit allerdings gegen die Amazon-AGBs. Speichern Sie Ihre Eingaben.
- Kaufen Sie ein paar Amazon-Coins, etwa von hier: www.amazon.com/dp/B0096E8DAU/
- Rufen Sie die Seite des Spiels oder der App auf und kaufen Sie das Angebot mit Ihren Coins.
- Wechseln Sie auf dem Fire TV zu „Einstellungen" → „Mein Konto" und synchronisieren Sie die Inhalte.

Die neue App erscheint nun auf dem Fire TV – und bleibt auch dort, selbst wenn Sie das Konto wieder nach Deutschland umziehen.

Wenn Sie allerdings kostenlose Apps aus dem US-Appstore beziehen wollen oder die Apps selbst ihre Inhalte nur von bestimmten Ländern beziehen, müssen Sie diesem zusätzlich eine passende IP-Adresse vorspielen. Dazu benötigen Sie einen so genannten VPN-Service. Das Vorgehen ist hier beschrieben:

http://www.aftvnews.com/how-to-bypass-geographic-content-restrictions-on-the-amazon-fire-tv/

Videos vom Fire Phone oder Fire-Tablet aus abspielen

Die Video-Wiedergabe lässt sich auch von Amazons Fire Phone und den Fire-Tablets (HDX) aus starten. Dazu benutzen Sie das Symbol, das einen Pfeil nach oben in einem Rechteck zeigt.

Das Verfahren funktioniert allerdings nur, wenn das Fire TV gerade bereit zum Abspielen von Videos ist, sich also etwa nicht mitten in einem Spiel befindet.

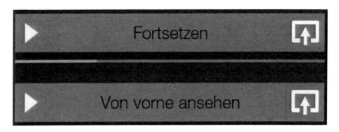

Bildschirm vom Fire-Tablet oder Fire-Phone spiegeln

Amazons Smartphones und Tablets enthalten bereits alles, um ihre Bildschirminhalte direkt auf das Fire TV zu bringen. Die Funktion versteckt sich im Einstellungsmenü, und zwar hier:

Matthias Matting

- auf dem Fire Phone: *„Display"* → *„Bildschirm über Miracast duplizieren"*
- auf dem Fire HDX: *„Töne und Bildschirm"* → *„Display duplizieren"*

Andere Game-Controller verwenden

Amazon hat bei der Integration des Spiele-Joysticks auf Standards gesetzt. So lassen sich etwa die Eingabeinstrumente von Xbox 360, Nintendo Wii oder Sony PlayStation verwenden.

Eine Liste in der Systemsoftware führt konkret diese Modelle als kompatibel auf – weitere müssten Sie selbst testen:

- XBox 360 USB Controller
- XBox 360 USB Wireless Controller
- Logitech Dual Action Controller
- Logitech Gamepad F310 (USB).
- Logitech Rumble Gamepad F510 (USB).
- Logitech Wireless Gamepad F710.
- Logitech G25 Racing Wheel
- Logitech Revue Wireless keyboard
- Sony Playstation 3 Controller
- Wii Remote (WiiMote), Nunchuk und Classic Controller.
- Apple Wireless Keyboard

Screenshots anfertigen

Den Bildschirminhalt als Digitalfoto festzuhalten (vielleicht wollen Sie ja auch mal ein Fire-Handbuch schreiben – oder etwas auf simple Weise dokumentieren), ist mit adbFire oder Fire TV Utility sehr einfach – klicken Sie auf den entsprechenden Button. Die Bildschirmfotos haben stets 1920 x 1080 Pixel Auflösung.

Kindle FreeTime einrichten

FreeTime ist eine Funktion, die auf den US-Fire-TVs bereits vorhanden ist. In Deutschland fehlt sie. Die App befindet sich jedoch bereits versteckt auf dem Gerät.

Sichtbar ist sie allerdings nur, wenn Sie FiredTV benutzen. Dann können Sie mit der App Ihren Kindern unterschiedliche Accounts zuordnen, die jeweils verschiedene Inhalte und Zeitbeschränkungen bieten. Ich vermute, dass FreeTime dann demnächst auch in Deutschland offiziell verfügbar sein wird.

Dateien auf dem Fire TV verwalten

Den besten Überblick, was sich wo auf Ihrem Fire TV befindet, verschafft Ihnen ein Dateimanager. Der meiner Meinung nach beste für Android ist der ES Datei Explorer, den Sie von hier bekommen:

http://www.estrongs.com/download.html?id=1

Nach dem ersten Start müssen Sie drei Mal ⮌ drücken, um die Einführung zu quittieren. Anschließend steht das komplette Dateisystem des Fire TV zur Erforschung bereit. Alles lässt sich sehr gut über die Fernbedienung kontrollieren.

Google Play ohne Google-Play-App benutzen

Zumindest kostenlose Apps können Sie auch ohne die Play-Store-App aus Google Play herunterladen. Dazu brauchen Sie nichts weiter als Ihren Fire Phone oder auch einen Computer.

Möglichkeit Nummer 1 bietet diese Website:

http://apps.evozi.com/apk-downloader/

Navigieren Sie mit dem Webbrowser in den Google-Play-Store (play.google.com). Suchen Sie sich eine kostenlose App aus, klicken Sie darauf und kopieren Sie die URL (Adresse). Wechseln Sie nun auf die oben genannte Website, fügen Sie die Adresse der App ins Eingabefeld ein und klicken Sie auf „Generate Download Link". Der Dienst holt nun die APK-Datei für Sie bei Google ab, was ein wenig dauern kann – anschließend können Sie sie auf Ihren Computer (oder Ihr Fire Phone) herunterladen und installieren (Achtung, der „Download"-Button direkt darunter ist bloß Werbung). Es gibt allerdings eine tägliche maximale Downloadmenge.

Ohne Begrenzung können Sie den Dienst verwenden, wenn Sie eine Browser-Erweiterung installieren. Dazu brauchen Sie den Chrome-Webbrowser auf dem PC. Die Chrome-Extension bekommen Sie hier:

http://apps.evozi.com/apk-downloader/#extension

Wenn Sie die Erweiterung installiert haben, müssen Sie allerdings dem „Guide" auf dieser Seite folgen und noch diverse Einträge tätigen.

Apps, die nach der Installation noch Daten aus dem Play Store nachladen müssen (viele neue Spiele!), bekommen Sie auf diese Weise leider nicht zum Laufen.

Dropbox einrichten

Dropbox ist ein beliebter Online-Speicher, auf dem man beliebige Dateien ablegen kann. So lassen sich Dateien aller Art auch bequem mit anderen Computern austauschen. Die offizielle Android-App des Anbieters funktioniert auch auf dem Fire Phone. Laden Sie sie von hier herunter:

http://dl.dropbox.com/u/6993309/Dropbox.apk

... und installieren Sie sie wie inzwischen gewohnt (und oben beschrieben).

Von Apple-Geräten auf das Fire TV streamen

Apple hat mit „AirPlay" seinen eigenen Streaming-Standard eingeführt. Praktischerweise gibt es im Appstore des Fire TV bereits eine App, die genau damit umgehen kann: den „Air Receiver".

Kaufen Sie das Programm und installieren Sie es. Beim ersten Start landen Sie in einer Art Einstellungsbildschirm. Setzen Sie Häkchen bei „Enable Renderer" und „Enable AirPlay". Nun erscheint Ihr Fire TV bei Apple-Geräten in der Liste externer Bildschirme. Klicken Sie darauf, um Ihren Mac damit zu verbinden.

Zeitungsabos mit Zinio

Viele Zeitungen und Zeitschriften bieten Abos über den Marktplatz Zinio an. Der ist unter anderem auf Apple- und Android-Geräten vertreten und lässt sich auch auf dem Fire

TV installieren. Dazu müssen Sie lediglich die APK-Datei von dieser Adresse downloaden:

http://www.jotform.com/form/13185032229

und dann wie oben beschrieben auf Ihrem Fire TV installieren. Die App läuft manchmal ein wenig instabil, insbesondere, wenn Sie in den Kategorien nach interessanten Magazinen suchen. Ich würde deshalb empfehlen, lieber am Computer unter www.zinio.com nach interessanten Zeitschriften zu suchen. Abgeschlossene Abos ließen sich im Test problemlos mit dem Fire TV lesen.

Zinio ist besonders bei internationalen Publikationen eine gute Wahl. Hier bekommen Sie Newsweek, Forbes, Economist oder New Scientist schneller als an jedem Bahnhofskiosk. Doch auch für Deutschland ist das Angebot etwa mit Focus, Cicero, Vogue, GQ oder Geo nicht schlecht.

Register

Matthias Matting